बावरी सांवरी
प्रेम में पागल लड़की

जया मिश्रा

Copyright © Jaya Mishra
All Rights Reserved.

ISBN 978-1-63781-065-1

This book has been published with all efforts taken to make the material error-free after the consent of the author. However, the author and the publisher do not assume and hereby disclaim any liability to any party for any loss, damage, or disruption caused by errors or omissions, whether such errors or omissions result from negligence, accident, or any other cause.

While every effort has been made to avoid any mistake or omission, this publication is being sold on the condition and understanding that neither the author nor the publishers or printers would be liable in any manner to any person by reason of any mistake or omission in this publication or for any action taken or omitted to be taken or advice rendered or accepted on the basis of this work. For any defect in printing or binding the publishers will be liable only to replace the defective copy by another copy of this work then available.

यह पुस्तक हर उस व्यक्ति को समर्पित है जो प्रेम में है।

क्रम-सूची

भूमिका vii

1. बावरी लड़की 1
2. मुझे मोहब्बत करनी नहीं आती 2
3. चांद जुगनू 4
4. प्रेम में सराबोर मिट्टी 5
5. इश्क़ में 6
6. रूठी तेरी राधा है 7
7. 'सांवरी' तुम्हारी है 9
8. तेरी मोहब्बत से जूझती -मैं 10
9. जानते हो? 12
10. मैं तेरी सांवरी हुई हूँ 13
11. दिल मेरा आवारा सा 15
12. बेहिसाब मोहब्बत 16
13. कार्तिक के चांद 17
14. मैं सब समझ जाऊंगी 19
15. बहुत खूबसूरत है वो 21
16. वो इश्क़ रूहानी क्या जाने 23
17. पगली सी लड़की 24
18. मेरा आख़िरी ख़त 25
19. प्याली भर के चाय 27
20. अच्छा सुनो ना! 29
21. गले से लगा ले 31

• v •

क्रम-सूची

22. प्यार तो प्यार होता है ना! 33
23. क्या प्रीत निभानी आती है? 36
24. बस हो गया प्रेम! 38
25. मेरा माथा, उसके होठ 39
26. विडंबना 40
27. प्रेम की स्टेज 41
28. प्रेम का प्रतिक्षालय 42
29. मैं पूर्ण प्रेम हूँ 45
30. सुख क्या है? 46
31. लोग शोर मचा रहे हैं 47

शुक्रिया 49

भूमिका

यह पूरी पुस्तक प्रेम को समर्पित है। इस पुस्तक में कई कविताओं कुछ लाइनों और कुछ बातों में प्रेम को शब्द देने की मात्र कोशिश की गई है। यह कोशिश ना जाने कितने शायर, कितने कवि, कितने महान लेखक कर चुके हैं, फिर कहीं ना कहीं कुछ ना कुछ रह जाता है। बस ऐसे एक छोटी सी कोशिश मैंने की है प्रेम को लिखने की अपने शब्दों में अपने मनोभावों को उजागर करने की एक नाकाम कोशिश। कविताएं, कहानियां, किस्से प्रेम की शक्ति से उत्पन्न हुए हैं।

कुछ बातें अपने जानने वालों से मिली, कुछ मैंने खुद ने महसूस की कुछ कल्पना मात्र हैं। ऐसा तो सिर्फ प्रेम में हो सकता है। किसी के लिए प्रेम जीवन है तो किसी के लिए मृत्यु। चाहे जो भी है प्रेम से मुक्ति नहीं पा सकते आप क्योंकि प्रेम ही मुक्ति है। आपका, मेरा, सबका चाहे वह दृश्य हो या अदृश्य हर चीज का अस्तित्व प्रेम है। प्रेम चाहे खुद से हो, परिवार से, काम से, किसी व्यक्ति विशेष से जिस से भी हो प्रेम, प्रेम ही है। प्रेम संपूर्ण जीवन है। कई भावनाओं का समावेश है। इन्हीं भावनाओं को व्यक्त करने के लिए मैंने कुछ शब्दों का प्रयोग किया है। मुझे उम्मीद है कि जो मैंने महसूस किया इसे लिखते वक्त, वैसा ही आप महसूस कर पाएंगे।प्रेम की पराकाष्ठा को.....

धन्यवाद।

1. बावरी लड़की

देखी है क्या ये सांवरी लड़की,
प्रेम में पागल बावरी लड़की।

2. मुझे मोहब्बत करनी नहीं आती

मुझे मोहब्बत करनी नहीं आती,
मेरे अंदर से वो खिलौनों के लिए ज़िद करने वाली बच्ची नहीं जाती,
मुझे मोहब्बत करनी नहीं आती,
तुम्हें सम्भाल के रखना पड़ेगा दिल मेरा
मुझसे कांच की चीज़ें सम्भाली नहीं जाती,
मुझे मोहब्बत करनी नहीं आती,
गुस्सैल, पागल हूँ, बचकानी सी हरकतें करती हूँ
मुझे ख़ुद की झूठी तस्वीर दिखानी नहीं आती
मुझे मोहब्बत करनी नहीं आती,
अच्छी हूँ या बुरी हूँ जो भी हूँ
तेरे बिना मुझे मैं नज़र नहीं आती
मुझे मोहब्बत करनी नहीं आती,
टूट के,
बिखर के,
फिर सम्भली हूँ
रो लेती हूँ, हंस लेती हूं,
जब मन करता है,
मुझे रूठना भी नहीं आता,
मैं किसी को मना भी नहीं पाती

बस मुझे मोहब्बत करनी आती है
वो दुनिया वाली सजावट करनी नहीं आती
फिर भी सच कहूँ
मुझे मोहब्बत करनी नहीं आती।

3. चांद जुगनू

किसी दिन चांद ने
जिस तरह जुगनू को देखा होगा
ऐसे आज तूने मुझको भी देखा है,
अब मैं तेरा आईना बन जाऊंगी,
कभी दिखूंगी,
कभी छुप जाऊंगी।

4. प्रेम में सराबोर मिट्टी

मिट्‌टी का महकना,
गुलाबों से बेहतर है,
न दिखावा खूबसूरती का,
न मुरझाने का डर,
न कदमों से मसले जाने का ख़ौफ़,
मिट्‌टी बेफ़िक्र सी,
जिसने सम्भाला गुलाब की जड़ों को,
उसकी तारीफ हो या न हो,
वो फिर मासूम बन,
हवा के बहाव में उड़ती हुई,
कई बार नक़लीपन में महकी
जब गुलाब की सिंचाई हुई,
रूह तक महकने का इंतज़ार लिए,
आसमां को एकटक निहारती हुई,
कभी तो प्रेम वर्षा होगी..............कभी तो,
उसके प्रेम में सराबोर मिट्‌टी।

5. इश्क़ में

बदतमीज़ी, बदमिज़ाजी, बदहवासी अब रहती है,
इश्क़ में ये पगली लड़की जाने क्या कुछ सहती है।

6. रूठी तेरी राधा है

सुना है तुम बहुत इतराते हो मोहन
हर गोपी को बंसी सुनाते हो मोहन
तू आज अकेला आधा है,
तुझसे रूठी तेरी राधा है,
सब की आंखों के तारे हो मोहन,
इश्क़ की शतरंज में आज हारे हो मोहन,
हर बात पे बातें बनाते हो मोहन,
अब दुनिया को अपना बताते हो मोहन,
दुनिया की बातों में आते हो मोहन,
यही तो इश्क़ में बाधा है,
तुझसे रूठी तेरी राधा है,
कभी गइयाँ चराना,
कभी बंसी बजाना,
यमुना के तट पर,
कपड़े चुराना,
ऐसे होता नहीं सफर जिंदगी का,
और मिलता नहीं हमसफ़र जिंदगी का,
क्यों पैसे नहीं तुम कमाते हो मोहन,
तुम्हारे मित्रों के पास धन ज्यादा है,
तुझसे रूठी तेरी राधा है,
कहाँ तुम हो रहते,
कहाँ हैं ठिकाना,

जब भी बुलाये,
हर बार एक बहाना,
जरा पास बैठो,
बंसी का पासवर्ड बताना,
पता तो लगे किसका दिल लगाते हो मोहन,
किस किस को पागल बनाते हो मोहन,
तुम पर नहीं,
सहेलियों पर भरोसा ज्यादा है,
तुझसे रूठी तेरी राधा है,
मुलाकातों का आलम घटा है,
बरसते हैं मेघ,
मुझे सावन पड़ा है,
ख़ुद के नहीं तो राधा के भी नहीं हो,
उसके बिना रह भी पाते नहीं हो,
इश्क़ है तो
सजदों में झुक जाते हैं मोहन,
प्रेम किया है,
तो सदियों तक निभाते है मोहन,
ख़ुद पर कर रहम
राधा तेरी
तू राधा का
तू कब से आधा आधा है,
एक बार बुला उसे प्यार से
नहीं रूठी तेरी राधा है
नहीं रूठी तेरी राधा है।

7. 'सांवरी' तुम्हारी है

मसोस के रह जाती है नींद मेरी
ख़्वाबदारी की मुझे बीमारी है
आधी है अधूरी है
जैसी भी है 'सांवरी' तुम्हारी है।

8. तेरी मोहब्बत से जूझती -मैं

तेरे साथ भरी थी
आसमान की गोद
बहुत सारी बूंदों से
जो सिर्फ तेरे हिस्से आई,
मैंने तो कुछ ख़ास नहीं कमाया
बस एक ओस की बूंद ही कमाई
ओस की बूंद
जो आंखों की किनारी पर जम सी जाती है
जब भी तुझे सोचती हूँ
बचा के रखती हूँ उसे
दुनिया की तपिश से
ये ओस की बूंद
बहुत अनमोल है
मुझे पता है कि
दिन चढ़ते ही फिर इसने खो जाना है
फिर भी ये ख़ास है मेरे लिए
पर एक बात ये भी है कि
मैं वापिस इसका इंतज़ार नहीं करूँगी
मुझे अब मोहब्बत में ओस की बूंदे नहीं चाहिए
मुझे तो अब किसी खास जुगत से

ओस की बूंदों की नदी
फिर एक सागर तैयार करना है
तू रख आसमान भी
और बारिशें भी
बस मुझे मेरी रात में
अपनी मोहब्बत की कोई झूठी कहानी का तिनका पकड़ा देना,
बस मैं उस सागर में डूबना भी नहीं चाहती
पर जद्दोजहद करते रहना चाहती हूँ,
कि हमेशा ओस की बूंदों से कागज़ पे सागर उतार सकुँ
फिर बिना डूबे
दूसरे छोर को छू के वापिस आ जाऊं
वो छोर जहाँ जिस्म उतार के जाया जाता है
एक बार फिर दोबारा
तेरी मोहब्बत से जूझती -मैं।

9. जानते हो?

जानते हो,
जीवन बहुत सुन्दर है,
तुम्हें नहीं पता ना!
तुम अपने आप को देख पाते तो जानते।

10. मैं तेरी सांवरी हुई हूँ

हैरान है आसमान
ये देख कर के
आज कान्हा के घर से माखन चुराया है मैंने
यमुना के तट पे बैठा रहा वो
उसकी बंसी से स्वर चुराया है मैंने
इस दुनिया की परवाह नहीं है
रुसवा कर के दुनियादारी को ही
तो मैं बाँवरी हुई हूँ
देखो सांवरे
मैं तेरी सांवरी हुई हूँ,
ये जो अल्क़ों से फंदा बनाया है तुमने
आंखों से तीर चलाया है तुमने
नहीं देखा जाता यूं इतराना तुम्हारा
एक गुल्लक है पास मेरे
तेरे साथ के पलों को उसमें बचाया है मैंने
तेरे प्यार में
बदनाम भी हुई हूँ
देखो सांवरे
मैं तेरी सांवरी हुई हूँ,
मैंने सीखा है तुमसे बातें बनाना
बातें बना कर के सब को फंसाना
कभी राधा ,कभी मीरा

कभी गोपी कभी मैया
बातों ही बातों में ठग करके जाना
सब का बदला चुकाया है मैंने
तेरे बिन बेजान सी हुई हूँ
देखो सांवरे
मैं तेरी सांवरी हुई हूँ।

11. दिल मेरा आवारा सा

चांद की छननी
से आती चांदनी के रस को
आँखों की ज़ुबान से चख लेना,
दिल मेरा आवारा सा
तुम्हारे पास आए तो
अपने दिल के पास रख लेना।

12. बेहिसाब मोहब्बत

इस भीड़ में भी,
तेरी ही तलाश रही,
मोहब्बत जितनी भी रही
बेहिसाब रही,
मैं वक़्त को ऐसे गुजार देना चाहती हूँ,
पर मेरा बस नहीं चलता,
ख़ैर अपनी मुलाकात वक़्त पे उधार रही,
कमतर मत आंका करो मेरे इंतज़ार को,
एक एक पल ,
तज़ुर्बा मुझे ऐसे देता रहा,
जैसे एक पल में शामिल सदियां चार रही,
भीड़ में रहूं या एकल की चादर ओढ़ के बैठूं,
फिर भी दिल की दहलीज़ पे
तेरे ख्यालों की आवाजाही लगातार रही,
कोई उजाड़ भी मुझे उजाड़ ना सका,
तेरे प्यार की इस जिंदगी में,
हमेशा ही बहार रही,
चल क़त्ल कर दूँ इन दूरियों को,
इस पागलपन से,
देख तेरी 'सांवरी' बावरी हो के भी
समझदार रही।

13. कार्तिक के चांद

कार्तिक के चांद

कार्तिक के चांद,
इंतज़ार होता है तेरा मुझे,
तू भी वक़्त से बंधा है,
रोज़ आ नहीं सकता,
मैं तो फिर इंसान हूँ।

14. मैं सब समझ जाऊंगी

जानती हूँ
तुम कुछ कच्चे हो
बोल पाने में
अपने जज़्बात खोल पाने में
जब मैं तुम्हें अपने दिल की बात कहूँगी,
तुम same to same कह सकते हो,
मुझे पता है तुम्हें बातें बनानी नहीं आती,
मैं उससे कहीं ज़्यादा समझ जाऊंगी,
कभी कुछ बताना हो
नया या पुराना हो
मेरे कान के पर्दे तुम्हारी आवज़ के लिए हमेशा तैयार रहते हैं
तुम क़रीब बैठ जाना,
बिना किसी तकलुफ्फ के मुझे सब कुछ बता सकते हो,
अगर फिर भी बोल ना पाओ तो
मेरी आँखों में आँखें डाल के
अधपके शब्द उड़ेल देना
मैं तुम्हारी उलझनों को समझ जाऊंगी
कभी तो यूँ भी होता है
कि तुम बात करते करते
सो जाते हो
जानते हो पूरी बात सुनने की कितनी तलब होती है मुझे

पर तुम्हें जगाना मैं अच्छा नहीं समझती
तो क्या करती हूँ
तुम्हारे ख़्वाब में एक चक्कर लगा के आ जाती हूँ
बस फिर वो अधूरी बात भी समझ जाती हूँ
पर इसका मतलब
ये नहीं कि मैं सब समझ जाऊंगी
कभी कभी मुझे अनजान बने रहना पसन्द है
खासतौर पर जब तुम्हें मेरी तारीफ़ करनी हो
आखिरकार इतना हक तो बनता है
बेपरवाह या नासमझ होने का
लेकिन इन बातों के बीच में याद रखना
कि
जानती हूँ
तुम कुछ कच्चे हो
बोल पाने में
अपने जज़्बात खोल पाने में
जब मैं तुम्हें अपने दिल की बात कहूँगी,
तुम same to same कह सकते हो,
मुझे पता है तुम्हें बातें बनानी नहीं आती,
मैं उससे कहीं ज़्यादा समझ जाऊंगी।

15. बहुत खूबसूरत है वो

मेरी बाहों में कस के,
उसकी आहों का असर देखना है,
बहुत खूबसूरत है वो,
उसे बेसाख़्ता ताउम्र देखना है।

16. वो इश्क़ रूहानी क्या जाने

वो इश्क़ रूहानी क्या जाने
जो करे ऊपरी प्रीत,
ये इश्क़ है खेल नहीं
ना हार ना कोई जीत,
वो मिल जाए तो भी अच्छा
आषाढ़ में ठंडी शीत,
दर्द का सावन चढ़ जाए
जो मिले ना मन का मीत,
दर्द कलम का गहना है
इस गहने से सजते गीत,
'सांवरी' जीत है हर ओर से
कर ले सच्ची प्रीत।

17. पगली सी लड़की

पगली सी लड़की
दीवानी सी लड़की,
राज छुपाती हैं
कहानी सी लड़की,
समझती कुछ नहीं
सयानी सी लड़की,
आंखों में आईना
श्रृंगारदानी सी लड़की,
मोहब्बत ख़ुद है
बेईमानी सी लड़की,
श्याम रंग घोल दे
बहते पानी सी लड़की,
गाली सी लगती है
बदज़ुबानी सी लड़की,
बातें दिल की समझती,
तर्जुमानी सी लड़की,
पगली सी लड़की
दीवानी सी लड़की।

18. मेरा आख़िरी ख़त

पहले तो मुझे समझ ही नहीं आ रहा कि क्या कह कर
पुकारूँ तुम्हें, कौन से रिश्ते से सम्बोधित करूँ?
ख़ैर, ये मेरा आख़िरी ख़त है तुम्हारी प्रेमिका के रूप में,
बहुत तकलीफ है इस बात की, कि ये आखिरी ख़त है।
कभी तो मन करता है, आज उन शब्दों का हिसाब लगाऊं
जो मैंने इन 4 सालों में तुम्हें 255 ख़तों में, और तुमने
उन 25 ख़तों में भेजे, मेरे 255 और तुम्हारे 25 बस। मेरा
हर ख़त वही गहराता प्यार होता और तुम्हारा ज़िम्मेदारियों
का तमगा । हाँ, मालूम है तुम काम में व्यस्त रहते थे, मैं
भी तो वक़्त निकाल ही लेती थी एक ख़त के लिए ।
पर तुम्हारा हर ख़त मैंने ऐसे संभाल के रखा है जैसे सीप
मोती संभालता है, हिरण कस्तूरी और, बादल अपने अंदर
बारिश। कुछ इस तरह से सम्भालें हैं मैंने तुम्हारे वह सारे
ख़त।
जब बहुत गुस्सा आता था कि, सिर्फ मैंने ही प्यार किया
है, तो मन तो करता था जला दूँ।
सीप समेत वो मोती, हिरण को मार दूं और, बादलों को
निचोड़ दूँ।
तुम्हारा हर ख़त बहुत कुछ बदल देता था। तुमसे
कल्पनाओं की छत पे मुलाकात करवाने का एक ही तो
ज़रिया होता, तुम्हारा पिरो के लिखा, इत्र में डूबा ख़त।

बहुत दिल से लिखते थे ख़त शायद। इसलिए वक्त लगता था है ना? पर मैं भी यूं ही ऊल-जुलूल नहीं लिखती थी। तुम से शुरू करके तुम्हारे पालतू खरगोश का भी हाल जाने की तलब रहती थी मुझे। लेकिन तुम अब मुझे इस से दूर किए जा रहे हो।

मेरे लिखे हुए शब्द कुछ अलग होते हैं, बोल पाना मुश्किल लगता है, पर लिख जाना मेरी फितरत है। सब आसान सुलझा हुआ लगता है, पर तुम इस ख़तों से दूर कर रहे हो। उस इंतजार से दूर कर रहे हो, जिस से मुझे प्यार हो गया था।

अब डाकिया काका से मिलना ना हो पाएगा। उन्हें मेरे हाथ की चाय बहुत पसंद थी , हां! वैसे तो हर बार नहीं पूछती थी, पर जब तुम्हारा ख़त आता था तो चाय के साथ खास मटरी भी रखती थी। और तुम्हारे 25वें ख़त, जिसने सब बदल दिया। जिसमें तुमने लिखा था,

"इंतजार ख़त्म,
आ रहा हूं,
तुम्हारी मांग सजाने।"

यह है मेरा आख़िरी 256 ख़त।

-तुम्हारी होने वाली पत्नी।

19. प्याली भर के चाय

प्याली भर के चाय में प्यार भिगो कर पीते हैं

सुबह-सुबह ही रात के कुछ ज़ख्म पुराने सीते हैं,
प्याली भर के चाय में प्यार भिगो कर पीते हैं,
पल पल साथ बिताते हैं सदियों की सदियां जीते हैं,

कुछ तरस तो कर मेरी हालत पे,
वक्त तो कहीं रुका रहा,
बस हम ही सदा से बीते हैं,
सुबह सुबह चल रात के कुछ जख्म पुराने सीते हैं।
गुस्सा भी रुसवाई भी सब तुझसे है साजन,
तिनका तिनका ख्वाब जोड़ के,
एक नई हकीकत जीते हैं,
सुबह सुबह चल रात के कुछ जख्म पुराने सीते हैं।
इन तारों की गणनाओं में आखिर क्या रखा है?
चांद की बर्फी खाई है मैंने आसमान को चखा है
मां धरती ने गोद में प्यार ही तो रखा है,
चांद रातों की बात अलग,
आज अमावस पीते हैं,
सुबह सुबह चल रात के कुछ जख्म पुराने सीते हैं।
कच्चे बंधन कच्चे धागे यहीं जग ने सौगात दी,
जिस्म विस्म कर अलग-थलग,
रूह रूह के चिथड़े सीते हैं,
जो नापे इस मोहब्बत को,
नहीं होते ऐसे फीते हैं,
सुबह सुबह चल रात के कुछ जख्म पुराने सीते हैं।
मंजिल की तलाश में राह गुजर तो जाएगा,
मंजिल की चिंता में सफर बे मजा रह जाएगा,
मंजिल तो मिल जाएगी यह राह कौन फिर लाएगा,
पग-पग रैन बसेरों में कुछ इश्क महोल्त जीते हैं,
सुबह सुबह चल रात के कुछ जख्म पुराने सीते हैं।

20. अच्छा सुनो ना!

अच्छा सुनो ना!
मुझे तुमसे मोहब्बत है,
तुम खुश रहो हमेशा बस यही चाहत है।
मैं हीर होने का दावा तो नहीं करती,
पर जितना भी प्यार करती हूं,
सिर्फ तुमसे करती हूं,
तू मेरा है,
यह तो ख़ुदा की इनायत है,
अच्छा सुनो ना!
मुझे तुमसे मोहब्बत है।
यह जो तुम बात करते करते,
अपने बाल संवारते हो,
मुझे यूं ही हंसाने के लिए जोक मारते हो,
तुम्हारे साथ जिंदगी बिता दूं,
ताउम्र तुम्हें देखती रहूं,
क्या मुझे इजाजत है,
अच्छा सुनो ना!
मुझे तुमसे मोहब्बत है।
किसी दूर देश में जाकर नया जहान बनाते हैं,
पूरे आसमान को प्यार से सजाते हैं,
तारे चांद सभी तोहफे में लाते हैं,
अभी तक ऐसा कुछ ना किया,

यह तो मेरी शराफत है,
अच्छा सुनो ना!
मुझे तुमसे मोहब्बत है।

21. गले से लगा ले

इत्मीनान मिले दिल को,
कि अब गले से लगा ले,
शाद हो जाए ज़िन्दगी भी,
कि अब गले से लगा ले।
तेरी आंखों के बादल
मेरी आंखों से बरसते हैं
मुस्कुराहटों पर कर रहम,
कि अब गले से लगा ले।
लुत्फ़ लेती हूं हरदम,
इंतज़ार में बेचैनी का,
मेरी तड़प पर मरहम लगा,
कि अब गले से लगा ले।
हर ख़ुदा को सजदे किए,
पर सुकून ना मिला,
सुकून को मेरा पता दे,
कि अब गले से लगा ले।
गुफ़्तगू करती है हर पल,
और चुप भी रहे ये,
आंखें कहती है तेरी,
कि अब गले से लगा ले।
रखा कर पर्दा
ग़मों का 'संवारी',

रो दूं मैं जी भर के,
कि अब गले से लगा ले।

22. प्यार तो प्यार होता है ना!

दुनिया नफरत से नहीं,
प्यार से चलती,
सोचो,
सोचो अगर चांद मुंह फुला कर बैठ जाए,
कि नहीं निकलूंगा अब,
सूरज आता है न
आसमान तेरी छत पर
तारे भी रशक करने लगे
चाँद से सूरत से
तो आसमान तो बैठ जाएगा हिस्सों में
बताओ तो
हिस्सों में बँटते आसमान को कौन देखेगा
ख़ैर,
बात आती है प्यार की,
प्यार होता क्या है आखिर,
यह बला क्या है?
प्यार चाँद का घटना, बढ़ना या,
छुप जाना नहीं,
वो सूरज की तपिश नहीं,
वह कुछ भी बाहर का नहीं,

प्यार तो वो अंदर की शक्ति है,
जिसके लिए यह सब मायने रखता है,
मां का सिर पर हाथ फेरना,
बाप की डांट,
दोस्तों का लाड,
दिलबर की बाहों में छूटी उन आहों में,
चीटियों का अपने से दस गुना बड़े टुकड़ों को सहेजना,
सूरज की किरणों मे चमकते धूलकण,
वो जो शर्ट जो तुमने तोहफे में दी थी,
उसके झीने झीने धागों में वही महक,
दादी के हाथ से बने दाल के दूल्हे में,
भाई बहन की नोक झोंक में लगी थोड़ी सी चोट
पर एक दूसरे की फिक्र में,
अगर बताने पर आई तो जिंदगी भर सुनना पड़ेगा मुझे,
बात यह है कि,
छोटी से छोटी प्यार की बूंदे
मेरी आंखों में सूखे आसमान का तरबतर कर देती है
प्यार को किस तराजू में तोल सकते हैं?
ना यह बढ़ता है, ना कम होता है,
यह तो अनंत है,
जो हर ज़र्रे को रोशनी से भर देता है,
प्यार तो राम का भी है,
रहीम का भी,
वह छोटा या बड़ा नहीं होता,
यह तो तुम्हारे पैमाने हैं,
प्यार तो प्यार होता है ना
प्यार के लिए

जया मिश्रा

प्यार तो प्यार होता है ना!

23. क्या प्रीत निभानी आती है?

जब दिल भी थोड़ा थक जाए,
तब क्या प्रीत निभानी आती है?
पागल-पागल लड़की हूं,
क्या बात समझानी आती है?
जब दिल भी थोड़ा थक जाए,
तब क्या प्रीत निभानी आती है?
मैं तो तुम्हें समझ लूंगी,
पर मुझे समझना मुश्किल है,
मैं एक उल्झी कविता हूं,
बेतुकी शायरी हूं,
क्या व्याख्या करनी आती है?
क्या प्रीत निभानी आती है?
तुम तो अब में खुश हो,
मैं बच्चों के नाम भी सोच लूंगी,
बताओ सिर्फ अब तक ही साथ है,
या जन्मों जन्मों का नाता है,
जो भी है,
साफ बताओ,
बच्चों की लंगोट बदलनी आती है,
क्या प्रीत निभानी आती है?

नींद से मेरी अन बन है,
खुली आंखों से ख़्वाब सजाती हूं,
मुझे फिक्र तुम्हारी रहती है,
मुझे सोना है सुकून ओढ़ के,
बता लोरी सुनानी आती है?
चल छोड़,
इन सारी बातों को,
मेरी हां है तेरी हर बात पे,
बस एक जरूरी सवाल है,
सब झूठ सही,
पर यहां सच सुनना चाहती हूं,
बताओ तो सही
कड़क चाय बनानी आती है?

24. बस हो गया प्रेम!

प्रेम करने से पहले,
पुस्तक पढ़ी जाती होगी,
पर जब प्रेम होता है तो,
बस हो जाता है,
क्या तुम ने पुस्तक पढ़ी थी?
नहीं ना!
तो बस मैंने भी नहीं पढ़ी थी,
कोई पुस्तक
या परिभाषा
बस हो गया प्रेम!

25. मेरा माथा, उसके होठ

मेरा माथा
उसके होठों की धूरी में आता है,
जब भी उसका मन करता है,
चूम लेता है वह मेरे तीसरे नेत्र को,
मेरे पूरे अस्तित्व में सिरहन दौड़ती है,
फिर मैं गले लगा लेती हूं उसे,
अपनी अमूक सिरहन को,
उसके धड़कनों में सुनने के लिए।

26. विडंबना

प्रेम प्रसंग लिखना विडंबना है,
यथार्थ में यदि प्रेम हो तो,
लिखने का समय कहां होता,
मैं पिघला देती इन,
स्वर्ण शब्दों को,
उस प्रेम की माटी में।

27. प्रेम की स्टेज

प्रेम में आँखें दो होती है,
नज़ारे एक हो जाते हैं,
कुछ प्रियतम से पृथक दिखता ही नहीं
क्या तुम इस स्टेज पर नहीं?
प्रेम की कमी लगती है, तुम्हें।

28. प्रेम का प्रतिक्षालय

प्रेम का प्रतिक्षालय

प्रेम के पथ पर चल रही हूं,
बहुत देर हुई चलते हुए,
मैंने अभी तक कहीं अपनी थकान को मिटने नहीं दिया,
अब रात हुई है,
एक प्रतिक्षालय दिखा है
और अब आराम चाहिए आत्मा को भी,
और इस दिल को भी
मैंने अंदर जाकर आराम करना मुनासिब समझा
इस कमरे में अंधेरा है,
पर तसल्ली का हर सामान है,

मैंने दरवाज़ा अंदर से बंद कर दिया है,
बाहर दो तरह की हवाऐं चल रहीं हैं,
एक ना की,
जो एकदम ठंडी पूरे शरीर को कंपा देने वाली है,
दूसरी हां की,
सुगंध से भरी यह संदेश देती हुई कि तुम्हारा साथी आगे है,
बस कुछ और देर और,
इन हवाओं का शोरगुल ख़त्म होने को है,
रात तो निकल ही गई,
सुबह होने को है,
अब दो ही चीजें होंगी,
या तो हां की हवा मुझे प्रोत्साहन देगी,
या फिर ना की हवा मुझे झकझोर देगी,
और मैं अपने आपको अंदर तक समेट लूंगी,
हां की हवा लगने पर मेरे कदम तेज़ हो जाएंगे,
ना की हवा लगने के बाद मैं खुद के और करीब हो जाऊंगी,
और मेरे कदम समझदारी भरे हो जाएंगे,
बस यही दो स्तिथियाँ होंगी,
डरना क्या है इनसे,
मुझे मालूम है यह ना कि हवा मुझे तब तक बार-बार जकड़ेगी,
जब तक मैं अपने आपको समेटना नहीं सीख लेती,
जब तक अपने आप को जान नहीं लेती,
अब तक जितनी बार इस हवा ने मुझे छुआ है,
मेरा अस्तित्व निखरा है,

'ना' की हवा का शुक्रिया
और 'हां' की हवा की लालसा,
अनन्त प्रेम के इस पथ,
को बहुत सुंदर बना देती है
बहुत सुंदर
अब प्रतीक्षा के रैन-बसेरे से निकलने का समय हो गया है,
पथिक रुका नहीं करते।

29. मैं पूर्ण प्रेम हूँ

किसने कहा मैं अधूरी हूं?
मैं पूर्ण प्रेम हूँ।
मेरे अधूरेपन की अफ़वाह सुनी है क्या?
और मुझे पूरा करने की चाहत थी?
मैंने बताया तो,
मैं पूर्ण प्रेम हूँ,
अगर आना है तो,
अपनी पूर्ण चेतना लेकर आना,
मैंने सुना है समझदार बहुत हो,
तुम्हारी चेतना,
मेरी इस जड़ प्रेम से मिलकर,
चेतन प्रेम हो जायेगा।
जड़ अक्षरों से......
चेतन प्रेम
जिसकी शक्ल तुमसे मिलती होगी।

30. सुख क्या है?

पूछा गया सुख क्या है?
तभी तुम्हारा मैसेज आया
"घर ठीक से पहुंच गई ना।"

31. लोग शोर मचा रहे हैं

लाखों-करोड़ों मील दूर,
लोग चाँद पर पहुंच गए,
पर उफ्फ़ ना हुई,
तेरे दिल में घर बनाया,
तो लोग शोर मचा रहे हैं।

शुक्रिया

मेरी इस किताब को अपनी ज़िन्दगी में जगह देने के लिए शुक्रिया। हर शब्द, अक्षर, उन वजहों का शुक्रिया जिन्होंने मुझे कलम पकड़ाई। हर उस गुरु का जिनकी बदौलत मैं लिखने पढ़ने लायक बनी। मेरे माँ-बाप का शुक्रिया इस प्रेममय जीवन में लाने के लिए। हर पाठक का शुक्रिया। प्रेम का शुक्रिया जिसने शब्द दिए। उन महान लेखकों का शुक्रिया जिनसे प्रेरणा मिली। उन साथियों का शुक्रिया जिन्होंने प्रोत्साहन दिया। आपके विचारों, सलाहों का स्वागत है। मैं उत्सुकता से इंतज़ार करूंगी आपके विचारों का।

एक बार फिर से आपका बहुत बहुत शुक्रिया।

-जया मिश्रा।

www.ingramcontent.com/pod-product-compliance
Lightning Source LLC
LaVergne TN
LVHW011859060526
838200LV00054B/4424
9781637810651